LES MONSIEUR MADAME
vont camper

MONSIEUR MADAME

Publié pour la première fois par Egmont sous le titre *Mr. Men go Camping* en 2016.

Traduction : Anne Marchand Kalicky.
Édité par Hachette Livre - 58 rue Jean Bleuzen 92178 Vanves Cedex.
Dépôt légal : mai 2016. Édition 01.
Loi n°49-956 du 16 juillet 1949 sur les publications destinées à la jeunesse.
Achevé d'imprimer par Canale en Roumanie.

LES MONSIEUR MADAME vont camper

Roger Hargreaves

Écrit et illustré par Adam Hargreaves

hachette
JEUNESSE

Ce jour-là, monsieur Costaud fut vraiment ravi quand il regarda par la fenêtre et qu'il n'aperçut aucun nuage à l'horizon.

– Parfait ! dit-il.

Et qu'est-ce qui était parfait ? Le temps !

Monsieur Costaud avait en effet prévu d'emmener ses amis camper dans les bois. Et il n'y a rien de pire que la pluie pour gâcher le camping !

À part peut-être un sac trop lourd...

– Qu'est-ce que vous avez mis dedans ? demanda monsieur Costaud, abasourdi.

– Oh, juste quelques affaires... pas grand-chose ! répondit madame Beauté.

Ces « quelques affaires » contenaient en réalité pas moins de six boîtes à chapeaux, sept paires de chaussures et quatre oreillers !

– Pff ! Je me demande pourquoi vous lui avez dit de venir ! ronchonna monsieur Grognon au moment où monsieur Costaud refaisait le sac à dos.

Le groupe se mit enfin en route.

Il faisait très chaud et bientôt monsieur Grognon commença à se plaindre que son sac à dos était trop lourd.

Monsieur Costaud, gentil comme il était, proposa à monsieur Grognon de porter son sac.

Et c'est ainsi qu'à l'heure du déjeuner, il se retrouva à porter les sacs de tous les Monsieur Madame !

Le groupe s'enfonça progressivement dans la forêt. Il commença à faire froid et humide.

– Nous arrivons bientôt au camp, annonça monsieur Costaud à ses compagnons, en fermant la marche.

Mais soudain, tout devant, monsieur Peureux fut pris de panique : le pont qui traversait la rivière avait été inondé et s'était effondré.

– Au secours ! hurla-t-il. Nous ne pourrons jamais traverser pour rejoindre le camp ! Et nous serons perdus dans les bois et l'obscurité ! Et nous allons tomber dans un trou et personne ne nous retrouvera jamais !

– Calmez-vous, monsieur Peureux ! le rassura monsieur Costaud en déracinant un arbre énorme et en le couchant à travers la rivière.

Le petit groupe pouvait à présent traverser mais monsieur Peureux était bien trop effrayé pour poser un pied sur le tronc. Si bien que monsieur Costaud le mit sous son chapeau et le transporta jusqu'à l'autre rive.

Ils atteignirent enfin le camp.

Monsieur Malchance monta sa tente
à grands coups de marteau.

Boum !
– Aïe !

Boum !
– Aïe !

Boum !
– Aïe !

Il tapait sur son pouce à chaque piquet
qu'il enfonçait !

Il y avait plusieurs tentes mais bien sûr, la plus grande était celle de madame Beauté. Elle était immense et ressemblait presque à un chapiteau de cirque.

– Que c'est ridicule ! ronchonna monsieur Grognon en pointant du doigt la tente de madame Beauté.

Quant à la tente de monsieur Étourdi... elle était restée soigneusement rangée sous l'escalier de sa maison.

Heureusement, monsieur Étourdi n'eut pas froid ce soir-là car le groupe fit un grand feu de camp pour faire griller des guimauves et passa la soirée autour à chanter des chansons.

Après cette première journée épuisante, monsieur Costaud s'endormit profondément sous sa tente douillette.

Pas comme monsieur Peureux qui ne put fermer l'œil.

Il crut que les cris des chouettes étaient ceux de fantômes, qu'une petite souris était un serpent et que les ronflements de monsieur Costaud étaient les grognements d'un ours.

La nuit fut longue.

Il fut soulagé quand le soleil se leva enfin.

Il osa alors entrouvrir sa tente. Mais comble de malheur, il y avait justement un ours dans le camp !

– À l'aide ! chuchota-t-il, de crainte que l'ours ne l'entende.

Mais la seule voix que l'ours entendit fut celle de madame Autoritaire.

– Que faites-vous ici ? cria-t-elle.

L'ours la regarda droit dans les yeux et madame Autoritaire le regarda droit dans les yeux aussi.

– Grrrr ! grogna l'ours.

Et madame Autoritaire grogna à son tour :

– Fichez-moi le camp !

C'en était trop pour l'ours qui s'enfuit à travers les bois.

Un peu plus tard, alors qu'ils prenaient leur petit déjeuner, monsieur Costaud leva les yeux vers le ciel et remarqua un gros nuage noir. À peine eurent-ils levé le camp que les premières gouttes de pluie se mirent à tomber.

– Oh non ! s'écria monsieur Costaud.

– Au secours ! s'écria monsieur Peureux. Il va y avoir une tempête, puis des inondations. Et nous serons trempés, puis frappés par la foudre !

– Calmez-vous, monsieur Peureux ! le rassura monsieur Costaud qui eut soudain une idée.

Monsieur Costaud déplia la tente de madame Beauté, puis arracha une longue branche d'arbre et fabriqua ainsi un parapluie géant qui protégea tout le groupe de la pluie.

C'était le parapluie le plus grand du monde !

Même monsieur Grognon dut admettre que finalement, madame Beauté avait bien fait de venir camper avec eux.

Tout le monde s'accorda à penser que, malgré les sacs à dos lourds, les plaintes de monsieur Grognon, le pont immergé, les bobos de monsieur Malchance, la tente oubliée, l'ours, la pluie et la peur de monsieur Peureux, ils avaient passé un bon moment.

Ce soir-là, monsieur Costaud s'assit dans son fauteuil et étira ses jambes et ses bras fatigués.

« Peut-être que l'année prochaine…

… j'irai camper tout seul ! » pensa-t-il.

RÉUNIS VITE LA COLLECTION ENTIÈRE

DES **MONSIEUR MADAME**

DANS LA MÊME COLLECTION :

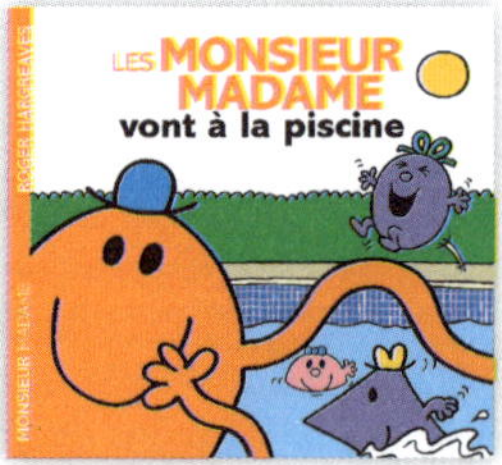